नव आलोक

मयूर पाण्डेय

शोक-संतप्त पृथ्वी-जल-तेज-वायु-आकाश-नियामक प्रकृति के
तारक-उद्धारक

श्री-भूधर-हिरण्यनाभ को।

क्रम-सूची

क्रम-सूची

क्रम-सूची

1. नवालोक

यह नव प्रभात, यह नवल किरण, यह सुखद लोक, सुन्दर विचरण।

ज्योतिः प्रपात से ही मिल-मिल, सूरज की किरण खेलती खिल।

जल के ऊपर जैसे आती, वह इंद्रधनुष-सी छितराती।

भावना लोक में छा जाती किरणें प्राची से ज्यों आती।

सत्वर गति से गयी तिमिर रात्रि, कोकिला पंचमा में गाती।

नव-महोत्साह, नव-मृदुल-तान, नव-स्वर आराधन, विहग-गान।

भैरवी राग, नव प्रणय-लाग, प्रातः से स्वर गूँजा जाती।

वह सुषिर वायु का संघर्षण खोखली काष्ठ को बजवाती।

वृक्षों से लटकी अमरबेल, मृगचरमों से हिल टकराती।

ढोलक की थाप लगाती है, सबको आह्लादित कर जाती।

अलबेली बेल लटकती है, वट-वृक्षों से ऐसे सटकर।

जैसे चंदन के वृक्षों से लटके हों सर्प विशाल प्रवर।

जड़ में जुड़ हिलना वायु से, सुनकर चिड़िया करती उड़ान।

स्वर-स्पंदन ऐसा होता है, जैसे वीणा का प्रमन गान।

अब कैसे हम समझें इसको डाली-डाली की हरियाली।

उसपर चिड़ियों की मधुर चाल, चित्त-हारक, सुंदर, मतवाली।

नीचे बगुले की चतुर चाल, हंसों की याद दिला जाती।

बतख़ों के झुण्ड तैरने को तालों के मध्य समा जाते।

इनसब को लख ऐसा लगता, प्रकृति स्वर जो गाती है।

उन्हीं स्वरों पर रेशमी किरण खग वृंदों को नचवाती है।
दर्शक-दीर्घा में आ जाते झष के गण पानी के ऊपर।
आगे भी मृग-जन मृगनयनी लखते हैं दृश्य खड़े भू पर।
इनसब को लख कर लगता है, दूरस्थ वानप्रस्थी जीवन।
यह जंगल हो इनका मंदिर, रेशमी सूर्य का ही अर्चन।
लगता ऐसे जैसे भगवन् सूरज का होता कीर्तन।
सामवेद के मंत्र गान पर होता है खग गण नर्तन।
जीवन की उषा निराली है, ऐसी उसकी सुषमा शोभित।
पूजन अर्चन की नहीं कड़ी, हर क्षण रहना है बस सस्मित।
अस्तित्व एक ही है सबका, विहगों का, राज मरालों का।
इंसानों का, मृग जीवन का, प्रकृति की चार दीवालों का।
यह जो कुछ भी इतना सुंदर, जितना सुंदर मेरा जीवन।
बस एक मोह की परिपाटी, जो तोड़ दे रही सुख के क्षण।
इंसानी बस्ती से कोसों दूर, अपने ढंग से चलता जीवन।
जहाँ अभी तक नहीं गति, परिवर्तन कर दे मानव का मन।
झंकृत जीवन ख़ुद से केवल, कीर्तन सूरज के मंदिर में।
प्रकृति का आँगन सजा रहे, फूलता रहे वन का जीवन।

2. प्रयागराज

प्रात की भेरी बजाकर
लोक में आलोक करता।
स्वप्न से हमको जगाकर
जीवन में उल्लास भरता।।
देखो आलोकित जगत को
सुन्दर-सा यह शहर बना।
देखो कितना सुन्दर है यह
परम पुनीत प्रयाग अपना।।
सुरसरिता के कलकल स्वर में
मिश्रित स्वर कालिन्दी का।
देख रहा है अक्षय-वट भी
गुप्त रूप सरस्वती नदी का।।
सकल तीर्थ के हृदयस्थल में
राजा का पद रखता है।
प्रयागराज पवित्र भूमि है
ऐतिहासिक महत्त्व रखता है।।
जब सृष्टि का सृजन हुआ था
प्रथम यज्ञ की भूमि बना।
यहाँ जन्म हो जाए काश
है ऋषि-मुनियों का सपना!
यहीं लीला कर श्रीरामचन्द्र ने
लक्ष्मण, सीता-वाम लिए।

मिले मित्र गुरुकुल-गुह से
हृदय में हर्ष भर सम्मान किए।।
यहीं जन्म पाया केवट ने
जिसने मानस में भक्ति लिए।
राम चरण पंकज धोकर के
जन्म अनेक सँवार लिए।।
रघुकुलभूषण रघुपति राघव
का कर सर पर रखवाया था।
पुनः, तरणी पर प्रभु को बैठा कर
राघव को सरिता पार कराया था।।
कुम्भ अवसर में याज्ञवल्क्य से
पाकर भक्ति का ही प्रसाद ही।
मिटा लिया ऋषि भरद्वाज ने
अपने उर का संशय-विषाद ही।।
दग्ध कर गए अपने तन को
यहीं-कहीं संगम के तट पर।
मुक्ति पा गए गुरुद्रोह से
भट्ट कुमारिल बैठ चिता पर।।
आगे चलकर चाणक्य ने
अपने राष्ट्र नींव रखने हेतु।
यहीं सेना-विस्तार किया
नंदवंश के विनाश हेतु।।
फिर मानस रचनाकार का
देखें ग्रंथ उठा कर के।
कहा संत-सा यह प्रयाग है
कोकिल होते काक जो थे।।
पारस सा है प्रयाग ही

सुंदर चरित्र बनाता है।
इसके आगे ऋषि-मुनि क्या
भगवन् का सर झुक जाता है।।
यही रहा संग्राम स्थल है
क्रांति सत्तावन वाली का।
दिया शहर ने बलिदान अनोखा
धर कर रूप महाकाली का।।
पुनः यही तो रहा क्षेत्र है
जहाँ हुआ था सम्मेलन।
झुक गया भारत संपूर्ण
कारण अपनों का शत्रु से मिलन।।
आगे चलकर यही रहा है
नायक स्वतंत्रता संघर्षों का।
जन्मस्थली और कर्मस्थली है
भारती के वीर सपूतों का।।
याद करें वीरों को तो
जन्मे वे शेखर सरीखे थे।
पुरुषोत्तम और विद्यार्थी भी
इसी भूमि के बेटे थे।।
यहीं जन्म लेती है कविता,
संस्कृति भारत भूमि की।
यथा प्रभाव छाया-युग का हो
या फिर रण के भेरी की।।
यही रही है एक तपस्थली
आजादी के नायक की।
यही रही है प्रिय भूमि
परब्रह्म सारंग धारक की।।

यहीं ऋचा उत्पन्न हुई
यहीं खेलती हैं नदियाँ।
पारावार नगर गौरव का
नहीं देख पाती अखियाँ।।
अंत यही कह देता हूँ
प्रयागराज को नमन करके—
वही सर्वथा समर्थ हैं
भारत कलंक का शमन कर दें।

3. गुरु

प्राची में अरुणिम सूर्य उगा।
आया प्रभात चाँदना लिए॥
आया अवसर फिर एक बार।
सब मिलकर गुरु को नमन करें॥ १ ॥
हैं तेजपुंज मेरे गुरूवर।
यह 'नव आलोक' उन्हीं का है॥
बीती विभावरी जग जागा।
मंगल प्रताप भी गुरु का है॥ २ ॥
कोकिला छेड़ती मधुर तान।
चिड़िया उड़ती ऊपर-ऊपर॥
हम स्पन्दन सुन्दर जीते हैं।
मन में गुरु ध्यान है प्रति-प्रहर॥ ३ ॥
यह ऊँचे-ऊँचे शिखर खड़े।
यह दृढ़ता को दर्शाते हैं॥
उनसे फूटी सरिता हैं जो।
वह विनय भाव दिखलाती है॥ ४ ॥
चिड़िया के स्वर जो फैले हैं।
जो दशों-दिशा गूँजाते हैं॥
वे हैं प्रतीक चेतना प्रबल।
शिष्यों को सुभग बनाते हैं॥ ५ ॥
धरती पर बहती तरंगिनी।
यह पुनः याद दिलवाती है॥

श्री मन्नारायण प्रथम गुरु।
गुरु परम्परा दर्शाती है॥ ६ ॥
ब्रह्मा जी को वर ज्ञान दिया।
फिर प्राप्त किया गुरु नारद ने॥
यह प्रताप गुरुजन का ही है।
वेद ज्ञान हर घर-घर में॥ ७ ॥
फिर मिला वही वाल्मीकि ऋषि को।
सृजन किया फिर रामायण का॥
मिला ज्ञान प्रह्लाद भक्त को।
प्राप्त किए नृसिंह देव को॥ ८ ॥
गुरु ज्ञान का ही प्रताप यह।
चमक रहे ध्रुव तारा बनके॥
दिये गुरु को व्यास दक्षिणा।
पंच लक्ष श्लोक रच-रच के॥ ९ ॥
इसी तरंगिनी की धारा में।
उज्ज्वल मीन आरुणि ही हैं॥
जिसने गुरू का खेत बचाया।
स्वयं मेड़ का रूप बनाके॥ १० ॥
राघव राजा रामचंद्र से।
शिष्य श्रृंखला गौरव पाती॥
मर्यादा का पालन करना।
यही ज्ञान सबको सिखलाती॥ ११ ॥
गुरु की शिक्षा का प्रताप है।
राघव ने रावण को मारा॥
गुरु की शिक्षा उर धारण कर।
शबरी कोल भिल्ल को तारा॥ १२ ॥

चतुर्युगी तीसरे चरण में।
यमुना की आकुल आहों से॥
अत्याचार प्रपीडित ब्रज के।
अश्रु सिन्धु में बड़वानल जो॥ १३ ॥

माता के क्रन्दन स्वर प्रेरित।
हरि-जन्म सम्भव मृत लोके॥
धर्म स्थापना के हिताय हो।
मंगल स्वर किलकारी गोकुल॥ १४ ॥

कृष्ण जन्म छायी नव खुशियाँ।
निखिल-विश्व आमोदित था जब॥
गुरुदेव के ही प्रताप से।
कृष्ण हुए महान योगेश्वर॥ १५॥

कुरुक्षेत्र के विषम चरण में।
छूटा चाप पार्थ के कर से॥
त्वरित चेतना से प्रदीप्त कर।
गुरुवत् कृष्णोपदेश दिये थे॥ १६ ॥

वेद-सार वह ब्रह्मतत्व भी।
केवल गुरु शिक्षा प्रताप है॥
कहता मैं हूँ इसीलिए फिर।
गुरु का अभिनंदन नित-नित हो॥ १७ ॥

कलियुग के फिर प्रथम चरण में।
चणकपुत्र की कूटनीति थी॥
पापी क्रूर कृपण राजा का।
मान अन्त देश बचाया॥ १८ ॥

गुरु तत्व की ही महानता।
शिष्य सुभग हर युग में होते॥
बोझिल जीवन बाग बनाते।

गुरूवर का ही यह प्रताप है॥ १६ ॥
गुरुवर की आज्ञा को पाकर।
नाभाजी ने लिखी श्रृंखला॥
गुरु-भक्त की ही जोडी से
रची मनोरम शुभ्र परंपरा॥ १७ ॥
सुभग सुमेरु तुलसीदास ने।
सुनी कथा जो गुरु मुख से थी॥
कालान्तर अक्षर-स्वर जोड़े।
शिव मानस में हुलसी जो थी॥ १८ ॥
देखें कालान्तर में फिर से
छत्रपति औ' समर्थ राम को॥
शिव जी ने पा गुरू प्रेरणा।
अत्याचार का अन्त कराया॥ २२ ॥
पुन: परमहंस रामकृष्ण ने।
अपने शिष्य को आगे कर के॥
वेद धर्म का बोध कराया।
अंग्रेजों का मान घटाया॥ २३ ॥
स्वामी विवेक को आन्दित कर।
निखिल विश्व में स्पन्दन आया॥
पूर्व देश के ज्ञानी जन का।
पश्चिम में लोहा मनवाया॥ २४ ॥
वर्तमान में गुरू प्रताप ही।
छाया, मंगल सब दिशि करता॥
काली-काली मेघ घटा को
रवि समान होकर है हरता॥ २५ ॥
तम, माया, मद, मोह, इहा सब।
व्यर्थ बात, बातों का क्या है॥

एक मार्ग गुरु का पालन हो।
यही भान उर में रहे सदा॥ २६ ॥
गुरु कृपा वाँछना छात्र सब
करते हैं यह एक आस ही॥
कृपा करें समृद्ध बने सब।
हे गुरुदेव! यह राष्ट्र आप हैं॥ २७ ॥

4. योग

रवि हुआ उदय, प्राची में ज्योति उषा स्नात,
सुवर्ण-सा चमकता; झर-झर करता बहता प्रपात।
कलरव खग करते उड़ते व्योम में, गई रात
शमन अंधकार का जग रहा जगत, नव सुप्रभात॥

आ गए इसी पल में योगी बनकर श्री योगेश्वर
हिमवान ग्राम था बसा, उसी में गुरु बनकर।
वे नहीं बनाए रूप महानतम प्रलयंकर
जीवन सिद्धांत की शिक्षा देने पहुँचे प्रथम गुरुवर॥

फिर जुटी भीड़ संपूर्ण ग्राम की एक-स्थल
बैठे शिव आनंदित समाधि में फिर विह्वल।
जन रहे देखते प्रेमाश्रु धारा छल-छल
फिर आयी सांसारिकता, सम्मोहित हो गये सकल॥

सब गए गेह, रह गए मात्र सात बालक
चौरासी वर्षों बाद संपूर्ण हुई साधना सकल।
गर्जना घोर नभ लोक किया; बरसे शतदल
देवों ने मनुजों ने सब ने पाए सप्त ऋषिवर॥

यह योग मार्ग आध्यात्म वृत्ति का है बोधक
चेतना शक्ति बाधक तत्वों का अवरोधक।

विश्वास करें इसपर सब - यही है संदेश शाश्वत
हो सबका मन औ' तन सदा ही ओजस-रत।।

5. साथी

मन करता है सब मैं कर दूँ
फिर करता है क्या-क्या कर दूँ?
मन करता है बस मैं कर दूँ
करना कितना? इतना? उतना?
अपने मन की बात नहीं है
मन-मानी कुछ बात हुई है।
सब कर के भी कुछ ना करना
करते रहना, कुछ ना कहना।

यह जीवन में उथल-पुथल है
अँधियारे में उजियारा है।
अँधकार की गुहा घनेरी
इसमें दीपक कित बारा है?
ख़ुद को देखा, देख ना पाया
उसको देखा भूल ना पाया।
अपने-उसके में ही रहना
अंधियारे को उजला करना।
ऐसे घुट-घुट के जी जाना
जीते रहना या मर जाना।
अपनों में ही आहें भरना
गाते जाना, गाते जाना।

यह जीवन की संसृति प्यारी
अलग अनोखी अद्भुत न्यारी।
फिर भी मैं कैसे अब कह दूँ?
क्या-क्या वारूँ? किसे संभारूँ?
अपने ही मद-मस्ती में मन
डूब गया अब फिर क्या कहना।
कहते रहना, तो कब सहना?
आनन्द का गुण बहते रहना।
यह सृष्टि का सुंदर गुण है
अपना वैभव आनंदित मन।
पर उसको फिर ठुकरा कर के
दुख में रहना, रोते रहना।
यह जीवन बस दुख देता है
दुख लेने का ठेका मेरा?
सारी तड़पन, सारी सिसकन
एक अकेले आँसू, रोदन।
अब मैं कहता इनको छोड़ो
आनंद तुम्हीं हो ख़ुद को खोजो।
शाश्वत सत्य मित्र होवेगा
एक बार गल-बहियाँ डालो।
गुंजन होगा मृदुल मनोहर
एक बार मन का संग छोड़ो।
संसारी से नाते काटो
वैरागी में उसको जोड़ो।
परिवारों में, नित यारों में
दुख को पाया, समय गँवाया।
ऐसे दुख के आलय में फिर

शाश्वत क्या है कौन बताए?
अब मैं कहता तुमको प्यारे
श्रीराघव से यारी कर लो।
वह ही तुमको राख सकेगा
जैसे उसने राखा सबको।

6. भावांजलि

ज्योति के पत्र पर हैं अंकित
मृदु वसंत की शुभ-स्मृतियाँ।
रहे सदा से प्रेमपूर्ण जो
उन अद्भुत क्षणों की झड़ियाँ॥
दिवस अवसान क्रम देखो
निशा भी साथ आती है।
रवि आलोक करता है
निशा तम घोर लाती है॥
मगर यह ध्यान रखना हैं
प्रकृति का नेम ही यह है।
निशा का तिमिर हरने को
सदा वह सूर्य आता है॥
ऐसी एक घटना फिर
हमारे समक्ष आई है।
सभी आँखें नम हुईं
देखतीं भावित विदाई हैं॥
इसी पर प्रथम मिलन की
कहानी याद है आती।
कविता स्राव में रह-रह
मानस से बही जाती॥
चयन हुआ था, जाना था,
अपना भाषण सुनाने को।

हृदय भयभीत होता था
निज भावों को बताने को॥
अभी भी याद है मुझको
हृदय में भय भी व्यापा था।
गुरु के समाने कहने में
मेरा स्वर भी काँपा था॥
परंतु आपने ही फिर
मेरे शब्दों को सम्भाला था।
सभी के सामने कहने का
बड़ा होसला भी डाला था॥
उन्हीं पल में लगा जैसे
वट छाया मिली मुझको।
रवि तेज से जलते को
शशि की आभा मिली हो ज्यों॥
मगर जाना ही निश्चित है
प्रकृति बदलाव कहती है।
दिवस के बीतने की ही
कहानी गान करती है॥
मगर दीपक-सी हो आप ही
रात्रि को लक्ष्य दिखलातीं।
तरु भी आप ही तो हैं
पथिक को छाँव दिलवातीं॥
हुई है रात, सत् ही है
अन्धेरा घोर छाया है।
अन्धड़ भी उठा है ही
इन्हीं से मन घबराया है॥
जाने की सुना ज्यों ही

हृदय से भाव रिस्ता है।
जलद का रूप ले कर के
वही बरसात बनता है॥
परंतु आस है यह ही
रवि का उदय फिर होगा।
जगत-आलोक होते ही
सरसिज भी सुभग होगा।।
उठेगा नाद उषा में
पुनः जब जीव जागेगा।
पुनः आमोद करते ही
निशा का भय भी भागेगा॥
तरु की डाल से ही फिर
खगों का स्वर भी जागेगा।
सरित मे सोई मीनों का
सकल जल लोक जगेगा॥
चतुर्दिक भाव समता का
जगत मे सदा लहराए।
निशा की कालिमा का ही
सदा हित अन्त हो जाये॥
दिवस और रात का होना
प्रकृति का चक्र सीधा है।
दिवस से रात का होना
पुनः दिन को ही होना है॥
यही कुछ भाव हैं मेरे
जिन्हें शब्दों में तराशा है।
यादों के सभी मोती
भावों का ही धागा है॥

पुनः अशीष चाहूँगा
शिव मन के कमल वर से।
जगत आलोक ही छाए
वासंती-स्वर घर-घर में॥
कृपा हो कुछ प्रकृति की भी
यही आरंभ बन जाए।
निशा का मान मर्दन कर
विजय मकरंद हो जाए॥
उसी से कीर्ति का भौंरा
स्वयं को स्वस्थ ही पाए।
स्वयं हम आपके उर में
कोकिल हो सदा गाएँ॥

7. विचित्र चित्र

विचित्र चित्र से बनी
विलास की छवि यही।
विमुक्त राष्ट्र भावना
दबी पड़ी, मरी कहीं।
कठोर-नाद नाश के
मृदंग की हों थाप ज्यों।
मनुष्य की महानता
मनोज के प्रभाव सी।
प्रभात में न भैरवी
न रात्रि में सुराग है।
न देश नाश के सिवा
मुझे मिली सुतान है।
यहाँ-वहाँ लखा यदा
लगा यथा लुटा सदा।
परन्तु बात ही रही
कि राष्ट्र भावना दबी।
परंतु आज सामने
यथार्थ तत्व वेदना।
राष्ट्र का युवा मरा
कुचक्र में, कुचाल में।
विदेश की हवा चली
विचार निंद्य धूल-से।

उड़े, कि लोग भी उड़े
वहीं कुपंक में सने।
स्वयं कुपन्थ में रमे
स्वयं चरित्र भूलते।
जो गौर-आंग्ल बोलते
न सोचना कभी उसे।
सु-वेद आदि त्यागते
पराय को सँभालते।
प्रकार ढेर को लगा
भली प्रकार सोच लें।
स्वयं सुपंथ देख के
गले लगा, प्रचार दें।
समाज आज ज्योत्सना
विहीन दग्ध हो रहा।
कहीं विकास आड़ में
विनाश की न होड़ हो।
विकास की सु-भावना
विनष्ट हो कभी नहीं।
सुवृद्धि पा बढ़ें सदा
समष्टि चेतना यही।
सुगीत दिव्य लोक के
महा-प्रभा बिखेरते।
यथा सु-अंक में सदा
सुपुत्र को निहारते।
उसी प्रकार आप से
किशोर बाल पूँछ लें-
"बताइये कुवृत्तियाँ

किशोर आज क्यों गहे?"
क्वचित् यही कुरीतियाँ
स्वयं सुपुत्र देख के।
सुखी रहे तदापि, हे
महान लाल देश के?

8. विगान

त्रिलोक की यही बड़ी विचित्र बात देखता।
स्वलाभ के लिए सदा मनुष्य क्यों विमूढ़ है॥
न हानि देखता कभी न दोष पक्ष देखता।
विराट लक्ष्य है नहीं विडाल स्तम्भ नोचता॥
भले कभी कहीं दिखे कुशत्रु आपको कहीं।
भला नहीं, बुरा नहीं, सगा नहीं, दगा नहीं॥
लखो उसे जहाँ कहीं विपक्ष में अड़े रहो।
मनुष्यता भले मरे व शर्मसार रोज़ हो॥
चरित्रवान ही कभी अनर्थकार्य को करे।
कलंक कार्य से कभी समाज में न ख्यात हो॥
परंतु हाय लोक ये सुधार को न चाहता।
विकास नाम आड़ में विनाश कार्य चाहता॥
कुकर्म एक हों भले भला न एक भी कहे।
यहाँ भला भला कहाँ, बुरा हुआ, बुरे सभी॥
कलंक लोक में भला सफेदपोश कौन है।
हुए महान हैं वहीं जहाँ रहस्य मौन है॥
वलक्ष जो सुधार का प्रयत्न भी करें कभी।
सहस्र दाग आप ही न लोक क्यों उभार दे?

9. झूठ कहाँ तक झेला जाये?

झूठ कहाँ तक झेला जाये?
किस हद तक यह मेला जाये?
अपना स्वर्णिम वैभव ठुकरा
कब तक सब कुछ सहता जाये?
मेरा जीवन मेरी मर्ज़ी
या केवल मन की ख़ुदग़रज़ी।
दूजे में सुख को पा जाना
अपना अंशी खोते जाना।
मेरा जीवन ऐसा बीता
जैसा बीता वैसा बीता;
फिर भी सब कुछ पा-पाकर भी
कितना पाना और लुटाना?
सूना वैभव, नीरव रोदन
वंशी वट का सूना-सावन।
या मैं रोते-रोते कह दूँ
मेरे ही दृग-जल की छलकन।
मेरा जीवन वृंदा का वन।
पर कैसा है यह वृंदावन?
कान्हा बिन पूरा है मधुबन
यह ही इसका सूना-यौवन।

कितना रिसाता फीका जीवन
तिरछी चितवन, मादकता-पन।
नत नयनों में हर्षित होना
प्रेमी लखने की मृदु सिहरन।
थोड़ी पुलकन, उर की हुलसन
उसकी ही यादों का उदयन।
उसके ही हाथों निज पलयन
अन्तिम क्षण में शिव में विलयन।
पर फिर वह मेरा जीवन-धन
जैसे कुल्हड़ का सोंधा-पन।
वह सब स्वर्णिम सुखद मनोहर
मादकता में मस्ती का मन।
साथी खोजा, ख़ुद को खोया
फिर साथी भी खोता पाया।
अब मैं फिर से एक अकेला
पागल के जैसे इठलाया।
बिन प्यारे के प्रेम कर रहा
यह भी अल्हड़ दीवाना पन।
लिए चाँदनी में चिट्ठी को
लिखता जैसे देना है कल।
संसारी तो ठुकरा देता
कहता मेरा यह है बचपन।
मैं भी झूठा सच क्यों मानूँ?
पिय की एक हँसी पे वारूँ।
पर फिर ख़ुद से ख़ुद को तारूँ
जीवन रिसता उसे सँवारूँ।
एक अकेला मैं दीवाना

मयूर पाण्डेय

यह जीवन या एक फ़साना?
जो भी सच हो, मैंने जाना-
जीवन का रस जीते जाना।

10. परिवर्तन

यह जीवन जो फूट रहा है मेरे अंदर से नित प्रतिक्षण।
इसका आशय मेरे अंदर ही रहता है वह जीवन धन॥
चकित हुआ मैं, जब यह जाना, अंदर की संसृति पहचाना।
मौन हुआ जब सकल शोर से, मूक भाष् है मैंने जाना॥
अपने अंदर भी संसृति है, जिसकी यह सृष्टि परिणति है।
सूक्ष्म लोक का मैं अन्वेषी, पहला लक्षण भीतर जाना॥
आप स्वयं द्रष्टा बनकर के, सबकुछ अपना लखते जाना।
जीवन जितना भीतर होगा, स्वाभाविक है खेला जाना॥
अलख गंध मादकता-पूरित कस्तूरी-मृग को नाच नचाती।
उसके ही अंदर ही होकर, वन-वन में है नित भटकाती॥
अब फिर और अकेला बंदा भीतर-ही-भीतर जाता है।
जितना वह भीतर जाता है, उतना ख़ुद वह खो जाता है॥
हाय! सोचता यही मरेगा, " क्या है पाया, क्या है लुटाया?"
वह भी भागा-भागा फिरता, "जो पाना था क्या वह पाया?"
अंतिम क्षण में फिर मर जाता, केवल मन ने है भटकाया।
अंतिम क्षण जब चिंतन करता, हाथ शीश धर, फूटा-रोया॥
जो जानना वो ना ही जाना, जो पाना था ना ही पाया।
केवल भागा-भटका लेकिन, ख़ुद को मैं पहचान न पाया॥
मैंने यह चिंतन देखा है, सब कुछ बस मेरे अंदर है।
बाहर का तो भेद अकेला, मन मर्ज़ी का खेल यही है॥
अंतस् का सुख किसने देखा? जिसने देखा बोल ना पाया।
मन से भोगा भोग ना पाया, वाणी से ना गा ही पाया॥

पर वह भोगा, सत् को भोगा, करके सत्य-समर्पण उसने।
बाहर-भीतर के वियोग में, ख़ुद को माना, जाना, गाया॥
जिसने अपना अंतस् भोगा, वह ना बैठा है बिन गाये।
उस भोगी को कौन सुनेगा? और कौन से मुख वह गाये?
धारा बहती है आँखों से, मन खिल जाता है फूलों-सा।
ऐसा लगता है नीत क्षण बस, इतना सुख मन कैसे आये?
तो सत् यह है, जीवन सुंदर, सुंदरता इसकी जीवन-धन।
अलंकार हैं वही निरंतर, एक अगोचर, अक्षर, व्यापक॥
यह ब्रह्मांड उन्हीं का साहित्य, वे ही हैं इसकी संरचना।
अक्षर वे हैं, अर्थ भी वे ही, भाँति-भाँति के भेद, ओ'
मापक॥
इसीलिए उनका संकीर्तन, विश्व मानचित्रों का चित्रण।
इसीलिए उनका हो वंदन जगत-हेतु, वंद्य-जग-पालक॥
उनके ही कर-कमलों से उद्धार मेरा अब होगा संभव।
और न हेतु बनें अब मापक, यह जीवन का सुंदर साधक॥

11. एकत्व

कल बैठ गया सरिता तट पर।
देखता रहा लहरें पल-पल॥
आँखें नीची, जल में हल-चल।
अम्बर-आखैं गिरती छल-छल॥
मेरा दिल टूटा बिखरा-सा।
नव-आशा दीपक बुझता-सा॥
मेरा साथी बिछड़ा मुझसे।
मन का उपवन उजड़ा-सा॥
यह संसृति जो सूनी-सूनी।
मुरझाई; मेरी तन्हाई॥
यहाँ पुष्प सूखे जो दिखते ।
उसके ना रहने पर मुरझाए॥
मैं यह बैठा, पोखर सूखा।
जैसे मन में सूरज जलता॥
बिन मेरे जीवन संगी के।
मानस सर भी सूखा दिखाता॥
कैसे सींचूँ वृक्षों को मैं।
भूमि सुखी, यह मुरझाई॥
उसके हँसते बारिश होती।
वर्षा के स्वर कैसे गाई॥
उजियारा है, भरी दुपहरी।
फिर भी सब अंधियारा दिखाता॥

सब नदियों का मिठा जल है।
बिन उसके खारा ही लगता॥
कैसे मैं मानूँ ये बातें।
सुख की बसी नगरीय अंदर॥
अंदर ही तो पड़ी हुई है।
सुनी कुटिया-संसृति मंदर॥
उर की मेरी उथल-पुथल यह।
ज्ञात उसे भी है ये समझो॥
वह संघी मेरे जीवन का।
है अब भी मन में ये समझो॥
लेकिन वह मुझको जाँचेगा।
पग-पग पर मुझको आँकेगा॥
जब मैं उसको अपनाने को।
योग्य होऊँगा वह जानेगा॥
जब जानेगा मैं हूँ उसका।
वह फिर से सामने दिखेगा॥
मन हर्षेगा मेरा फिर से।
सूना उपवन फिर लहरेगा॥
जब हम मिलें जहाँ भी जिस क्षण।
हम दोनों का प्रेम खिलेगा॥
ना मैं, ना वह, ना कोई रहेगा।
जो भी होगा, एक रहेगा॥

12. अन्दर

मेरे अंदर का छोटा सा।
नन्हा-सा इठलाता बालक॥
बैठा अब केवल रोता है।
या तो वह थक कर सोता है॥
मैंने पूँछा, "क्यों रे बच्चे!
तुम तो थे मन के भी सच्चे॥
फिर ऐसे बेदिल बोझिल से।
बैठे क्यों हो मन के कच्चे?
बोला मुझसे, 'मैं छोटा सा।
एक अकेला सीधा-साधा॥
मेरा दिल टूटा जाता है।
संसार सत्य जो पूरा-आधा॥
देखूँ एक अगर मैं इसको।
संसारी कितने सच्चे हैं॥
आँकूँ इसको सत्य कसौटी।
वे सचमुच कितने भद्दे हैं॥
छोड़ दे रहे देख अकेला।
केवल चाहें मन का सपना॥
एक सामने बात बोल दी।
करते बिलकुल उसका उलटा॥
कहते हैं वे मेरे संगी।
साथ दे रहे पूरा-पूरा॥

लेकिन मन का मेल है नहीं।
पीछे देते मुझको छूरा॥
मैं तो एक अकेला बालक।
मान रहा हूँ मैं हूँ भोला॥
तुम तो बड़े सयाने ठहरे।
फिर बोलो ऐसे क्यों ठहरे'?
मैंने सोचा; सोच न पाया।
बोला; लेकिन बोल न पाया॥
देखा; लेकिन देख न पाया।
बालक देखा बस इतराया॥
बोला मुझसे मन का बालक।
"मुझको कौन ठगेगा बोलो?
मैं तो बच्चा बोध नहीं हूँ।
निर्मल मन, अवरोध नहीं हूँ॥
तुम तो जाते हो बस्ती में।
सबसे मिल कर आहत आते॥
आहें भरते सिसकी भरते।
फिर भी अगले दिन फिर जाते"॥
मैंने देखा मन का बालक।
बोला इतना, गया खेलने॥
लेकिन मुझको मर्म दे गया।
संसारी को कैसे झेलें॥

13. आवाज़ें

मेरे मस्तक की बोझिलता।
मन की आवाज़ें जो गहरी॥
पल-पल निःश्वास सकलता में।
जो बातें मन में हैं ठहरीं॥
वे विकल-विकल करतीं मुझको।
वे मुझको बहुत सताती हैं॥
वेदना प्रबल चढ़ जाती है।
वह अनुदिन बढ़ती जाती है॥
मैं कहता हूँ कौन सुने मुझको।
कहने को ही सब बैठे हैं॥
जब भी कोई क्रंदन करता।
सब दोषी कहने ठहरे हैं॥
पर बाहर की आवाज़ें तो।
अंदर जाने पर काटती हैं॥
पर अंदर की आवाज़ें जो।
बाहर कब जाने देती हैं?
प्रतिदिन की बात रही मेरी।
आवाज़ों में घिरता जाता॥
बाहर भीतर जो आवाज़ें।
उनसे बस मैं डरता जाता॥
मैं जितना अंदर जाता हूँ।
वे उतनी बढ़ती जाती हैं॥

मैं जितना शांत हो पाता हूँ।
वे उतनी चढ़ती जाती हैं॥मैं सागर की गहराई में।
अंदर ही अंदर जाता हूँ॥
संसार शांत हो जाता है।
पर मैं तब भी बतियाता हूँ॥

कोई भी नहीं बचा मेरा।
इतना गहरा पानी आया॥
पर तब भी मैं ख़ुद से अक़्सर।
मन की ही बातें कह आया॥

पर है विश्वास हृदय को यह।
एक दिन ऐसा भी आयेगा॥
यह जितना जो कुछ चलता है।
सब शोर शांत हो जाएगा॥

पर तब तक रहना होगा।
इन आवाज़ों में जकड़े॥
करते रहना होगा साधन।
साँसों की ही माला पकड़े॥

और जब वह क्षण आ जाये।
जब मौन स्वयं गूँजेगा॥
तब शून्य अनंत विस्तारी।
आनंद-सिंधु में फूटेगा॥

14. जगती बहुत बड़ी दुखदाई

जगती बहुत बड़ी दुखदाई।
मैंने देखा पूरा बचपन, देख रहा हूँ सूना यौवन।।
दुख ही दुख, मतलब की दुनियाँ, बहुतै जग भरमाई।।
मैंने देखी माया तेरी बड़े-बड़ों को डुबाई।।
यह संसृति भाण्डों की बस्ती, बहुतै नाच नचायी।।
मैंने देखी कैसे दुनियाँ अंत समय नहीं आयी।।
मरघट पूरा सूना-सूना, जात-पात न देखाई।।
मैंने देखा कैसे मृग ने त्यागा, भरत कुम्हलाई।।
जीवन पूरा-पूरा बीता अंत समय पतियाई।।
मैंने देखी कुल की नारी भरी सभा लजियाई।।
राजे बहुत महाराजे बहुत थे, कोई ना हाथ उठाई।
भरी सभा चीखी कुल-नारी, लोक-लाज की दुहाई।।
अंतिम बल, दांतों से साड़ी निकसी तब हरि आयी।।
वस्त्र अनन्त लोक की सुध लें, तन ढँकि लाज बचाई।।
मैंने देखा जल के भीतर गज ने लड़ी लड़ाई।।
साथी भागे, हाथी भागे, भागे सकल जो भाई।।
फिर भी एक हज़ार वर्ष तक ग्रास ने ज़ोर लगायी।।
अंत में आशा त्यागी, हारा, हरि-हरि-हरि हरि आई।।
दौड़े-भागे, गरुड़ से आगे, सुदर्शन चक्र चलाई।।
गज की रक्षा, ग्राह की मुक्ति, तत्क्षण सिद्ध कराई।।

'शिखी' प्रभु आस भरोस धरे हैं, कितने दिन चुप रैहें।।
नाम दयानिधि तेरा प्यारे, दया अवश्य करैहैं।।

'शिखी' प्रभु आस भरोस धरे हैं, कितने दिन चुप रैहें।।
नाम दयानिधि तेरा प्यारे, दया अवश्य करैहैं।।

15. इच्छा

कामनाएँ उर व्यथा संसार की मोहक कहानी।
कुछ सुनी, कुछ अनसुनी, कुछ सब दिलों की राजधानी।
पर अगर अभिलाष मन के कष्ट का कारण बने।
या भविष्यत् की गति में अर्चने कर दे खड़े।।
और यह सब जान कर भी हम स्वयं वह कार्य कर दें।
'दूरदर्शी नहीं हैं हम'– इस बात का परिचय करें।।
तो कार्य और कारण का बंधन मोह होगा, दुख करेगा।
जो भी जितना जो करेगा, वह स्वयं उसको मिलेगा।।
अब अगर कोई कहे कुछ, और फिर अर्चन करे।
लक्ष के मन को दुखा कर कोटि से पूजन करे।।
तो भले ही वह स्वयं कोटि के सुख को भोगे।
पर प्रथम लक्ष दुख का वह स्वयं मार्जन करे।।
'वासना-भोगा-फल को पाया'– यह तो जीवन क्या निभाया।
जगाते ही नींद आयी, सो गये, फिर लगा हमने क्या है
कमाया।।
मैं स्वयं यह बात कह दूँ, 'जीना मरना सुख नहीं है।
स्वर्ग जाना भी तो केवल वेद का अपमान ही है'।।
सुख में दुख में, हार में भी, जीत में भी रार में भी।
प्यार में, तकरार में भी, लाभ में और हानि में भी।।
शास्त्र तो बस दे रहे हैं जो ज्ञान, है वह ज्ञान यह ही।
अन्त्य फल तो बस यही है– मरण-धर्मा प्राण हैं ही।।
सकल की आशा पकड़ कर, कुछ ना पाया सब गवाया।

प्राण का वैभव, समर्पण भी तो केवल दाम-काया।।
परिजनों को सुख मिलेगा, कार्य का परिचय यही है।
स्वयं का कर्तव्य बिसरे, मान का मार्जन नहीं है।।
भूल को करना पुनः से, बारी बारी भोग भोगा।
सकल भोगों से तृप्ति पाकर, बार बहु फिरसे है भोगा।।
एक बारी भोग पाया, मन भरा, छोड़ा उसीको।
बार दौड़े, बार भागे– वान्ताशी नाम पाया।।
अब कहें किसकी कहानी, और कितनों की ज़ुबानी।
'एक राजा- एक रानी, राज्य-यौवन'– यह पुरानी।
सृष्टि दो हैं, एक सत्ता, अब करें नाव काव्य को हम।।
भवार्था में बहुत जीते, अब आत्म-अर्था में समर्पण।
पुत्र-प्रेमी, बहुत से हैं– हम बनें दशरथ जी जैसे।
मातृ प्रेमी बहुत से हैं, हम बने श्री-हनुमत जी जैसे।।
और जाग के सकल संबंधों को आरोपित करें हम।
जहां पर हरि हृदय ना हो, वहाँ से चल दिये फिर हम।।
यह युगल की रीत ही है, यह समर्पण प्रीत ही है।
यह नवल उद्गीत ही है, यह विरल संगीत ही है।।
अतः अब हम सब सदा से हरि के थे, हरि ही हैं।
प्राण धन वे हैं हमारे, हम तो केवल बस उन्हीं के।।

16. अंतिम क्षण गङ्गा तीरे

हाय जीव का भाग्य अनंत दुख का विस्तारी।
इतने पाप किए जीवन में, कैसे तरे बेचारी।।
सब संतों ने कहा समय रहते ही भज लो।
पर अभिमान प्रबल बोला, पहले तुम साज लो।।
सज-लो थोड़ा, घूमो और इधर भी आओ।
दौड़ो थोड़ा नाम, दाम, शौहरत तो लाओ।।
पाओ घर, गाड़ी, बँगला, नाते-दारी।
वरना कैसे भेजें तुम्हें ये जो संसारी।।
संसारी भजें तुम्हें जब तुम धन-बल-मान गहोगे।
अभिमानी होओगे, और गतिमान बनोगे।।
वरना फिर तो क्या रखा है भारी जवानी।
या कोरी पुस्तक केवल, ना नई कहानी।।
तुम भी भागोगे, जितना भागा जाएगा।
धंधा-पानी एक यही ज़िंदगानी कहलायेगा।।
रोज़ रोज़ का जीवन, हर क्षण केवल घिसना।
संसार मोह की दो पाती में केवल पीसना।।
अंतःकरण जलेगा जब तुम ग़लत करोगे।
कर्म तुम्हें दुख देगा जबतक तुम नहीं मरोगे।।
मारना है जिसका जीवन है जीना वाला।
जाना तो है उसे एक दिन जो है आया।।

लेकिन जाओगे किस भाँति स्वयं तुम बोलो।
अर्थी कंधे धरे, विमान चढ़े, कुछ तो बोलो।।
मंज़िल तुम्हें पुकारी, तुम वो पाते राही।
अब तक क्या तुमने जाना तुम करक सिपाही!!
हाँ, तुम तो एक करक हो केवल सीधे-साधे।
अपनी छोटी मुट्ठी में कुछ सपनों को बाँधे।।
सपनों को बाँधे, लड़े-मिटे, यह तेरा जीवन।
अंतिम में तो चले चढ़े परिजन के काँधे।।
धर्म अर्थ का वेग प्रबल करते यदि सब दिन।
काम-भोग से मंज़िल पाते, सुख में जीते।।
धर्म युक्त जीवन रहनी से आहिस्ता धीरे-धीरे।
निःश्रेयस भी तुमको मिलता, तुम खिल जाते।।
अब यह जीवन जिया स्वयं वह किसके हित है।
अंतस् जलता है अंधर ही धीरे धीरे।।
अब अंतिम क्षण खड़ा- "हाय! मैंने ना पाया"।
कहना इसको अपने मन में गङ्गा तीरे।।

17. मृत्यु

मृत्यु नाम है काल-कर्म की करवट का।
मृत्यु नाम है अंतिम सत्य जो पर्वत-सा॥
यह अंतिम सत्य एक क्षण का निर्णायक।
जीवन भर के आराधन का फलदायक॥
देह नाश को जाएगा, नश्वर है, सच है।
संसार देह की पाटी किसकी शाश्वत् है॥
अगर मिला है देह एक दिन छूटेगा ही।
प्राण श्लेष से रहित आत्म अक्षत है॥
सत्य शाश्वत यही सकल वेदों ने गाया।
शुकाचार्य ने यमुना तट पर यह ही सत्य सुनाया॥
अष्टावक्र ने अपनी गीता केवल यह ही गाया।
व्यास-सूत ने जाना जीवन, यह ही सत्य बताया॥
मृत्यु जीवित सत्य, जीवन तो केवल धोखा है।
तन का भेद ही, लेकिन यह रस सब ने भोगा है॥
पीड़ा-कष्ट सहा है सबने जीवन में अपने।
कोरा कागज तब भी भरते, जोड़ते सपने॥
अंतर की है व्यथा-कथा परिणत होती है।
जीवन पट पर लिखी कहानी सच होती है॥
हमने रची कहानी, रचनाकार हमीं हैं।
अपनी मन की सृष्टि के सर्जनहार हमीं हैं॥
हमने बाँधा है ख़ुद को अपनी चाहों से।
हमने चाहा है सदा गुजरना इन राहों से॥

अब जो किया मिलेगा वह ही जीवन में।
भोगा जैसे सुख, भोगें दुख भी हम वैसे॥
अन्तर इतना ही केवल सबमें दिखाता है।
एक तत्व का ज्ञाता सब दिन खुश रहता है॥
खुश रहता है क्योंकि वह ज्ञानी जीवन का।
अर्चक है वह सत्य परम का, सच्चे धन का॥
इसीलिए हम स्वयं श्रेष्ठता को पा जायें।
जीवन का जो लक्ष्य उसे अब तो निभाएँ॥
हमने अपनी हार लिखी हाथों से।
भगवत् सेवा, प्यार लिखे हाथों से॥

18. क्रान्ति

अब सोच लिए तो बढ़ना है।

आगे ही आगे चढ़ना है॥

ये ऊँचे पर्वत, नीची घाटी– चाहे फूलों की हो वादी।

अब सोच लिया तो लड़ना है॥

अपना अस्तित्व निरीह रहे।

पथ यह भी दुरूह रहे॥

जब सोच लिया तो चलना है– हर भाँति राष्ट्र हित ढलना है।

अपना व्यक्तित्व विकीर्ण रहे॥

जग-जीवन का है भार यही।

दुस्तर जीवन की रार यही।

ऊँचा मस्तक, चौड़ा सीना– हर मुश्किल को हँसकर जीना।

हर-हर शंकर की पुकार यही।।

अपना जीवन किसके हित हो?

हित की परिभाषा भी क्या हो?

सब उद्धार, सुधार रहे– उत्कर्ष विमर्श विचार रहे।

अब बोलो जननी हित जीवन हो।।

स्वस्थ क्रांति अब करनी होगी।

हर भ्रान्ति-व्यथा भी हरनी होगी।

जैसे सुंदर-शील निधान– राम कर गये नवल विधान।

शास्त्र शरण अब गहनी होगी।।

जीतें हम पहले ख़ुद को ही।

जीवन सुंदर हो यह व्रत ही।
अपना जीवन सुंदर सा हो– सबका जीवन सुंदर सा हो।
यही पुकार उठानी है ही।।

19. श्रद्दधा

यह ब्रह्माण्ड विश्व जिनका है, वे राघव जू मेरे हैं।
हिय में रहते प्रतिक्षण मेरे, मेरे मित्र घनेरे हैं।
जीवन के साथी हैं प्यारे, जीवन के आराधन है।
भव-सागर से खेने वाले मेरे हित के हर्षण हैं।।

जीवन का उत्साह यही हैं, आशा हैं, विश्वास यही।
सारी दुनिया को बाँधी माया, मेरा मोहपाश यही।
इनका हँसना मेरा हँसना, जीवन का उल्लास यही।
इनका खाना मेरा खाना, मेरे मन के साथ यही।।
इनसे सीखा जो कुछ सीखा, जीवन जीना कैसे? जाने।
मर्यादा में रहना जानें, अपना आत्म-समर्पण जानें।
मेरा क्या है, औ' मैं क्या हूँ, क्या क्या मेरा मैं किसका हूँ।
सब कुछ जाना, इनसे जाना, मैं भीतर से क्यों रिसता हूँ।।

जो कुछ जाना, जितना जाना, बस इतना ही जाना जाये।
जो ये कर दें मेरी ख़ुशी है, इसका एक समर्पण चाहें।
बस इनका होने की देरी, ये उल्लास बहार बहायें।
ये क्या हैं तब ही तुम जानों, जब ये तुमको आप जनायें।।
जब जानोगे यह जानोगे, तुममें इनमें भेद नहीं है।
जीवन में क्या पाया-खोया, इनके आगे खेद नहीं है।
इसीलिए मैं कहता हूँ राघव धन को ही पाना बाक़ी।
इनके मिलने पर ही आती है जीवन में बेबाक़ी।।

मान गलेगा जब पूरा बिलकुल, तब ही आयेगी वह झाँकी।
जिसको लखने को पागल है दुनिया चाहे सुंदर झाँकी।
इसीलिए उनका सुमिरन हो, उनका ही आराधन केवल।
वे तेरे ही घट में बैठे, ना मस्जिद, ना मंदिर देवल।।

20. विश्वास

तुम्हारी ना बहुत याद आती है।
हर पल आती, मन को मेरे हुलसाती है।
मेरा जीवन बिता जाता, मुझको बहुत सताती है।
तुम्हारी ना बहुत याद आती है।
साथ बिताये इतने पल,
सारे स्मृति में छा जाते हैं।
मेरे इकलौते जीवन को प्यारे! बहुत सताते हैं।
मन करता है साथ रहूँ मैं,
खेलूँ-कूदूँ-खाऊँ-गाऊँ।
पर फिर बिन तेरे जीवन-धन कैसे गीत ख़ुशी के गाऊँ।
साथ रहा कितने दिन तेरे, बीती उससे ज़्यादा रातें।
अब तक एक अकेला बैठा, करने को हैं कितनी बातें!
साथी मेरे जीवन के हो! आओ ना, अब आ भी जाओ।
मेरी फुलवारी-बगिया को फिर से देखो, बात बताओ।
मैं केवल बैठा हूँ ऐसे, बेदिल बोझिल, बिन साहिल के
डूबा-डूबा छूटा जाता, अब कैसे तो पार लगूँ मैं।
तुम कहते 'मैं आप्तकाम हूँ', तुममें मुझमें भेद नहीं है
पर इसके अनुभव के ऊपर मेरा है विश्वास नहीं।
उसको है विश्वास नहीं, वह टूटा-टूटा।
और सत्य जाने बिन लगता छूटा-छूटा।
मैं नितांत का सुयश गान कैसे कर लूंग।
मैं अच्युत को हर्षित हो कैसे वर लूंगा?

मैं गोपाल पुलकित हो कैसे समझ पाऊंगा?
हर ओर घिरी निराशा केवल एक हताशा।
अब कैसे को कह दूँ, मैं हूँ एक अकेला,
क्योंकि सच है साथी हो तुम।
आओगे जिस दिन आना है, जाओगे जब जाना होगा,
मैं तो बिलकुल टूट गया हूँ। अब कैसे तो बात करूँ मैं।
लेखनी भी अब थकती जाती, पंछों! कैसे काव्य बनाती।
उन ही भावों को, शब्दों को कागज पर लिखते शर्माती।
थकती जाती, थकती जाती,
लाज बचाओ, अब तो आओ,
अपने इस विश्वासी जन की रक्षा कर लो, प्राण बचाओ।
साथ रहूँ बस तेरे ही, पूरा जीवन लूट जाता है,
एक अकेला साथी पाया, वह भी जीवन से जाता है।
तुमको मैंने अपना माना, क्योंकि तुम हो मेरे स्वामी।
मानूँगा तुमको ही अपना, अंतिम सत्य यही है स्वामी।
मैं बस तो इतना चाहा हूँ, बस इतना केवल इतना ही
अब तो आओ सबको जोड़ो, मुझको भी अपनाओ स्वामी।
अब तो आओ गले लगाओ, मुझको भी अपनाओ स्वामी।।

21. श्रीः कीर्ति

(१)

चौदह वर्षों का अंतराल, युद्धोद्यत राघव-रघुकुल-भूषण।
दूषण-दूषण, अगणित-अरि-दल-मर्दन भीषण।।
देवेन्द्र-श्रेष्ठ, मार्तंड-वंश-अवतंश, प्रभा मानव-जन-मन।
अतिक्रान्त दुर्ग, रावण-कुटुंब-पर शर-प्रत्यावर्षण।।
रोमांच-मंच, अत्यंत बाहु-बल, दश-भुज-कर्तन।
गिरते भुज-बीस-शीश सहस्र बार, चण्डी-नर्तन।।
राघव भी रावण-रहस्य-आश्चर्यवान्, उन्मत्त हास ।
रणभूमि-युद्ध-प्रबुद्ध-शूर शत-शत बाणों से है प्रयास।।
दृष्य-विश्व दर्शन-सुर-गण-हत हैं पञ्च प्राण।
वैदुष्य-वीरता-विविध-वीर हारते धैर्य, हो रहे म्लान।।
सुर-आतंकित, मन में शंकित, हर-क्षण-रक्षण की रही आस।
भय से व्याकुल, उर-शंकाकुल, धारिणी की गति रुकती;
हताश।।
'छिद्रान्वेषण, सुनिए राघव!' बोले हर्षण-मुख विभीषण।
'नाभि-वाण करिए मर्दन। अमृत-घट का करिए शोषण'।।
धनु-संधान-वाण प्रयाण-प्राण-समान-व्यान-उदानापान।
विद्युत-अमोघ-विशिख-कराल-सुकाल-देव सुजान ज्ञान।।
अत्यन्त-अगणित-पुष्प-वर्षा हर्ष-वैभव राम जान।
अपरिमित-महायुत-परम-कोमल-कोटि-कमल-हौं लाजवान।।
मन्मथ-महायुत-लक्ष-अर्बुद-नत-नत सौंदर्यवान।
हे आर्य भूमि सुजान गौरव! श्रेष्ठ क्षात्र-सुधर्मवान।।

❧❧❧

(२)

रावण का अंत दुरांत, अति-आक्रांत भीषण हो गया।
धर्म के प्रहरी के हाथों भ्रष्ट जीवन सो गया।।
युग की परिपाटी परम से ही परम को मिल गई।
दुष्ट के गिरते ही मानो ये धारा भी हिल गई।।
हो गई अब साँझ, युग परिवर्तन सुभग अब हो गया है।
अंत से आरंभ का वैभव नवल यह हो गया है।।
जीव की कितनी गति हो, अंत में मारना ही होगा।
कर्म जीतने जो किए हैं, कष्ट सबका वह ही भोगा।।
जिस समय देखा सभी ने अंत दुर्लभ हो गया है।
कष्ट का दानव पुनः से घोर निद्रा सो गया है।।
देवता हर्षे, पुनः मंगल बधाई बज उठी थी।
यक्ष-किन्नर-सर्प सब के मुख रुखाई हट चुकी थी।।
देव-नारी पुष्प-वर्षा सुमन मन से कर रही थीं।
थाप ढोलक, तान वीणा, लोकमंगल भज रही थीं।।
राजा दशरथ इंद्र के रथ स्वयं चढ़ कर आ गये थे।
राम का लख सुभग वंदन स्वयं मन हर्षा रहे थे।।
देखते थे पुत्र मेरा आज रण में जीतता है।
यही लखकर मगन मन मेरा पुनः से रीझता है।।
पिता ने आशीष देकर पुत्र के माथे को चूमा।
सुभग कीर्ति देखकर के राम के गौरव पे झूमा।।
फिर गये श्री-राम, 'हनुमत्! और अब देरी न लाओ।
शीघ्र से जाओ, परमप्रिय! आज श्यामा-श्री को लाओ'।।
लौट आयेंगी पुनः माता जगज्जननी श्री-सीता।
जनक की सुकुमारी-दुलारी वेद-अग्नि-सी-पुनीता।।

आह्लादिनी शक्ति हैं राघव की भास्वती-चेतस्वती।
दिव्यता की दिव्यता, भूमिजा संविदा-भगवती।।
गये हनुमत दल-सबल लंका के भीतर से।
स्वयं-सुकुमारिका श्यामा-स्वयं-श्री को लिवा लाये।।
बजे फिर गान, वेदों से स्तुति की सकल ऋषियों ने।
मनोहर गीत गाये थे नभ: स्थित गांधर्वों ने।।
सजल नयनों ने सिहर कर के सजल नयनों को देखा था।
दिवस अवसान क्रम में फिर सुखद क्षण सुखद बीता था।।
नवार्जित जीत और प्रियता, सामने सुकुमारिका नीता।
परा-माया, महामाया की, महाविद्या की यथा नीता।।
रुके दोनों क्वचिद् पल को, पुनः राघव जू बोले थे।
पंचवटी के रहस्यों को अवसर जान खोले थे।।
अग्नि से हुआ था फिर सिया जू का प्रत्यावर्तन।
पुनः फिर ह्लादिनी सीता का हुआ समावर्तन।।

uiujh

22. आत्मान्वेषण

ज़िन्दा ही नहीं हूँ मैं
जगत को क्या सजाऊँ मैं?
बिखरते जा रहे जज़बात जो
उन्हें कैसे जुटाऊँ मैं?
टूटती जाती, जगत की
जो छवि देखी मनोहर।
आत्म-सत्ता भी पड़ी
कोने में रोती सिसक-कर॥
मैं किसे अब मित्र बोलूँ?
मैं किसे दिल से लगाऊँ?
किसे अपना मानकर के
प्रेम-गीतों को मैं गाऊँ?
गाल-पीटू, लाल-करके,
या 'सिया- राघव' पुकारूँ?
या स्वयं 'करना' त्यजूँ मैं,
आत्मद्रष्टा बन निहारूँ?
कृत्य जो भी मैं करूँगा
वह सदा मेरा रहेगा।
उन्हीं कर्मों का हमेशा
फल मिला, मुझको मिलेगा।
पक्ष उत्तम बस यही है,
सब त्यजूँ खुद को सँवारूँ।

कर्म मेरे जो बनेंगें
उन्हीं सब को नित सुधारुँ॥

23. व्यस्त हैं

आप जिस नम्बर पर कॉल कर रहे हैं,
वह नम्बर अभी व्यस्त है।
(व्यस्त नहीं, अभ्यस्त हैं।)
(लाया जिस चिड़िया को
हमने दाना-पानी डाला
बुरे वक्त में सम्भाला।
वह अब उड़ सकती है
उड़ने में मस्त है।
व्यस्त नहीं, अभ्यस्त है।)
(हमने जिस बीज को मिट्टी में डाला।
खाद-पानी देकर हर पल सँवारा
आज फल खाते लोग कोई और हैं।
हमें उत्तर मिलता- "आपकी लाइन व्यस्त है।"
व्यस्त नहीं, शिकस्त है।)
(छोटे-से बच्चे को चलना सिखाया।
सूखी रोटी खाने वालों को, घी चुपड़वाया।
फ़ोन, जिनसे लोग बात नहीं करते थे,
उन्हें बात करने का हम अवसर दिया करते थे।
आज उत्तर आया, "वे बड़ी देर से व्यस्त हैं।"
व्यस्त नहीं, नैतिकता से पस्त हैं।)

24. श्रम

यह जलद का खण्ड जो उड़ता रहा आकाश।
मरुस्थल की भूमि पर कब मिला इसे अवकाश॥१॥
वह सघन वन तृप्त सुन्दर, हृष्ट-पुष्ट विशाल।
जलद बरसेगा वहीं पर, नहीं कोई अकाल॥२॥
रेत जो सरिता के तट पर, पुष्ट बैठी है।
रेत जो मरुभूमि की, प्यासी तरसती है॥३॥
नहीं है दिखता कोई जो जल पिलाएगा।
नहीं उद्धारक कोई है, जो जल सिञ्चाएगा॥४॥
कोई भी मासूम-मानुष, क्यों करेगा व्यङ्ग?
जब दिशाएँ भी दशाओं सी पड़ी बेढंग॥५॥
मान के, अभिमान के पोषक निहारें पेट।
कृषा-तन है, नत-नयन है, पृष्ठ-पेट है एक॥६॥
यहाँ पर लूट मचती है, धनी- धनवान बनता है।
मगर फिर गरीबी का, कहाँ शोषण व' करता है?७॥
वह अमीर जो बेंच रहा है अपना साधन मस्त।
उसने तुमको कब रोका है? तुम तो खुद ही ध्वस्त॥८॥
तुम गरीब निज के कारण हो, उठो करो उद्धार।
हे गरीब! तुम हो प्रवीण, उठो करो व्यापार॥९॥
यह ऐसा संसार अनोखा, तुमको ना दे भीख।
'ज्ञान बाँटना'-सब प्रवीण हैं, तुमको देंगे सीख॥१०॥
कब तक ऐसे अलसाए, उद्यम से भागोगे।
सस्ती सुकीर्ति पर फूल गए, तो फिर कब जागोगे ?११॥

अब तक तुम ताने सुनते हो, एकबार जागोगे।
अपनी 'मंजिल' यदि कमाई, सबको प्रिय लागोगे॥१२॥

25. अचिन्त्य

कौन सोचेगा इसे, अन्वद्य वंदी कौन होगा?

जिसे सोचा नहीं जा सकता, वहाँ अभिनन्दी कौन होगा?

मौन-स्वर के गीत होंगे? अन्तस् बाती फिर जलेगी?

वन्दना यदि हो गयी तो यह 'नवल-परिपाटी' बनेगी?

कौन सोचेगा, जिसे सोचा नहीं जा सकता?

इतना सोचा- यही सोचा- यह सोचा नहीं जाता?

फिर कहो जो सोच पाया, वह कहाँ किस ठौर गाया।

या स्वयम् में मुड़ गया वह, स्वयं-सत्ता में समाया॥

मौन का अनहद् स्वयं के रूप से फूटे।

मान कर दीवाल रखी, वह सुभग टूटे॥

आत्म-चिन्तन से स्रवेगा, आन्तरिक आनन्द ।

'अचिन्त्य - चिंतन' से कटेगा- गरल - भव के फंद॥

फिर नहीं नरनाह कोई, फिर नहीं है रंक।

जगत तुझसे ही बना है, तू जगत के अंक॥

यह जटिल है बात बोझिल, चाल इसकी वंक।

श्याम-वर्णी या नहीं, शायद है इसकी वंका मधुर 'जायित-

पंक॥

यह रहा उत्साह को बाँधे स्वयं में आज तक।

सत्-सघन है, चित्-मगन, आनन्द से भरसक॥

कहाँ बाँच दूँ मैं यह लो अचिन्त्य खुद में है।

है चखता तो वहीं बुद्ध है जो, शुद्ध निरञ्जन ही है॥

मैं कैसे बोलूँ इसको, जन्मों का है प्यासा।
एक नदी तरसी पानी को, मृग- मरीचिका झाँसा॥
मेरा तो उद्देश्य यही है, मैं अचिंत्य हो जाऊँ।
भव-सागर में आनन्द - सिन्धु की ही प्रधानता गाऊँ॥

26. स्मृति

स्मृति में स्वर्णिम क्षणों की स्मृति आती है।
सुभग-जीवन, सहज-मन में नवल आशा जगाती है॥
हिता, निष्ठा, सुखद प्रियता, मनोहर नाद करती है।
मरे मानुष मृतक मन में शुभाशाओं को भरती है॥
बुरी यादें सताएँ तो स्मृति शुभ चिह्न लाती है।
आहत हृदय को, नत-नयन को वह उठाती है॥
बुरे जब काल आते हैं, वही हमको बचाती है।
दुखी जब मन हुआ करता, स्मृति हमको बचाती है॥
स्मृति अनुसरण आपका करती रही ही है।
बीता जो काल उससे सिखलाती रही ही है॥
बुद्धि से हमेशा मित्रता करती रही ही है।
सकल जो विग्न हैं आते हैं बचाती रही ही है॥
जहाँ तक हैं दिशाएँ क्षुब्ध दिखती, वह रिझाती है।
पतित को पुनः उठने का उचित कारण बताती है॥
महानद्यों के जैसे हो वे तृष्णाओं को भरती है।
कदाचित आखिरी जो स्थान पर सम्बल वह बनती है॥
जो फूले हुए जान स्वयं दिनमान बनते हैं।
स्वयं के आगे जगत को धूलि समझते हैं॥
वे नहीं परिचित हैं परन्तु स्मृति आती है।
स्मृति ही निज के पतित क्षण को भी दिखाती है॥
सत्ता-चिता-और प्रियता वही अनुभव कराती है।
पूर्व के सौंधे पलों को फिर जिलाती है॥

उर प्रखर यदि शुद्ध चाहो तुम्हारी स्मृति ही साथी।
एक सरिता और तट की रीति जताती है॥

यह पुस्तक मेरे द्वारा रचित 51 कविताओं का संग्रह है। ये कविताएँ समाज के अनेक क्षेत्रों की यात्रा करती हैं, जैसे– गरीबी, शिक्षा, पर्यावरण, प्रकृति, आध्यात्मिकता, भक्ति, आशा। कविता

संग्रह में मेरी कविताएँ 'प्रभात' शीर्षक से प्रकाशित हो रही हैं। 'प्रभात' से मेरी दो अपेक्षाएँ हैं जिनके कारण मैंने यह शीर्षक चयनित किया है।प्रथम, यह पुस्तक मेरे द्वारा रचित समस्त आरंभिक कविताओं का संग्रह स्वरूप है। इस निमित्त यह मेरे कवि जीवन का प्रभात सिद्ध होता है। और दूसरा, मनुष्य एक सामाजिक जीव है। वह सामाजिक आधार के बिना अधूरा है। अरस्तू ने कहा था, 'यदि कोई समाज के बिना रह सकता है तो वह या तो देवता है अथवा दैत्य।' प्रत्येक समाज में परिवर्तन की संभावना तो रहती ही है। समाज में जो भी कुरूतियाँ, अनैतिक सिद्धांत, इत्यादि हैं, वे सभी हटाए जाने चाहिए। यही कार्य एक कवि का है। अनैतिकता, कुरूतियों, अंधविश्वासों, इत्यादि का उन्मूलन कर सभ्य, सुशिक्षित, आदर्श समाज की स्थापना हेतु प्रयास करना। इन कविताओं में मैंने प्रयास किया है कि समाज में व्याप्त कुरूतियों को इंगित करते हुए कविता के माध्यम से उन्हें हटाने का प्रयास करूँ। ईश्वर कृपा से 'प्रभात' भारत के वर्तमान में प्रभात लाए। आशा है कि आपको यह कविता संग्रह 'प्रभात' अत्यंत प्रिय लगेगा।श्री राघव कृपा मयूर पांडेय